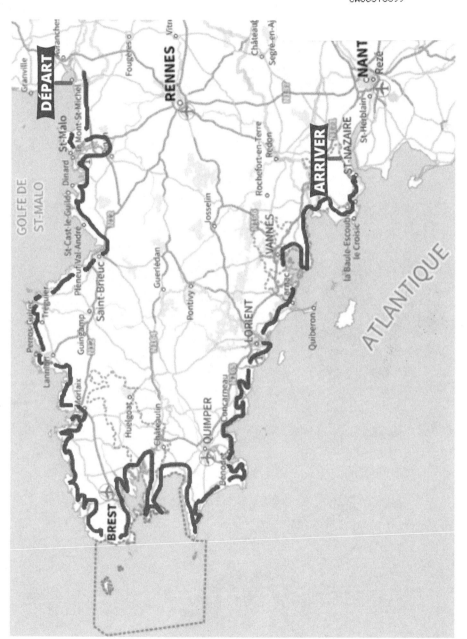

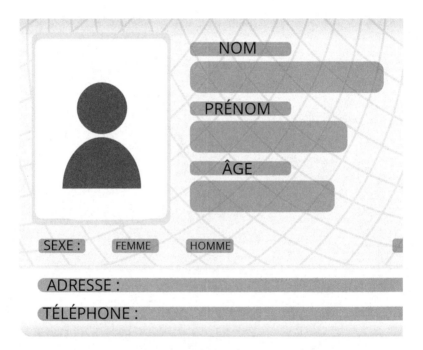

NOM

PRÉNOM

ÂGE

SEXE : FEMME HOMME

ADRESSE :

TÉLÉPHONE :

ÉQUIPEMENTS

MATÉRIEL DE BASE :

- [ ] SAC À DOS
- [ ] TENTE
- [ ] SAC DE COUCHAGE
- [ ] MATELAS
- [ ] LAMPE FRONTALE + PILE
- [ ] BRIQUET
- [ ] PAPIER HYGIÉNIQUE
- [ ] TROUSSE DE SECOURS
- [ ] COUVERTURE DE SURVIE

- [ ] BOUSSOLE
- [ ] KIT D'HYGIÈNE
- [ ] GOURDE
- [ ] FILTRE À EAU
- [ ] CARTE (1/25000)
- [ ] PAPIER ET STYLO
- [ ] RÉCHAUD
- [ ] BARRE ÉNERGÉTIQUE
- [ ] DES COUVERTS

HABILLEMENT :

- [ ] PANTALON IMPERMÉABLE
- [ ] SOUS-VÊTEMENTS
- [ ] TEE-SHIRT DE RECHANGE
- [ ] SOUS-VÊTEMENTS DE RECHANGE
- [ ] CHAUSSETTE DE RECHANGE

- [ ] PANTALON LÉGER
- [ ] CHAUSSURES
- [ ] VESTE POLAIRE
- [ ] SHORT
- [ ] VESTE IMPERMÉABLE
- [ ] SANDALE
- [ ] VESTE RESPIRANTE

ACCESSOIRES :

- [ ] CASQUETTE OU CHAPEAU
- [ ] GANTS
- [ ] LUNETTES DE SOLEIL
- [ ] RADIO PORTABLE
- [ ] BÂTONS DE RANDONNÉE

- [ ] PAIRE DE JUMELLE
- [ ] UNE POCHE À EAU
- [ ] COUTEAU MULTIFONCTION
- [ ] SERVIETTE MICROFIBRE
- [ ] PODOMÈTRE

ÉTAPE DU JOUR : _____

MÉTÉO : ☐ ☐ ☐ ☐ ☐ ☐ ☐ ☐

TEMPÉRATURE :

-30 -20 -10 0 10 20 30 40 50

COORD. GPS : _____

DISTANCE : _____   **DÉNIVELÉ :** _____

HEURE DE DÉPART : _____   **HEURE D'ARRIVÉ :** _____

DIFFICULTÉ : FACILE ☐   MOYEN ☐   DIFFICILE ☐

POINTS DE RAVITAILLEMENTS :

COMPAGNONS DE MARCHE :

_____   _____

_____   _____

_____   _____

POINTS D'INTÉRÊTS

ÉQUIPEMENTS

MATÉRIEL DE BASE :

- [ ] SAC À DOS
- [ ] TENTE
- [ ] SAC DE COUCHAGE
- [ ] MATELAS
- [ ] LAMPE FRONTALE + PILE
- [ ] BRIQUET
- [ ] PAPIER HYGIÉNIQUE
- [ ] TROUSSE DE SECOURS
- [ ] COUVERTURE DE SURVIE

- [ ] BOUSSOLE
- [ ] KIT D'HYGIÈNE
- [ ] GOURDE
- [ ] FILTRE À EAU
- [ ] CARTE (1/25000)
- [ ] PAPIER ET STYLO
- [ ] RÉCHAUD
- [ ] BARRE ÉNERGÉTIQUE
- [ ] DES COUVERTS

HABILLEMENT :

- [ ] PANTALON IMPERMÉABLE
- [ ] SOUS - VÊTEMENTS
- [ ] TEE - SHIRT DE RECHANGE
- [ ] SOUS - VÊTEMENTS DE RECHANGE
- [ ] CHAUSSETTE DE RECHANGE

- [ ] PANTALON LÉGER
- [ ] CHAUSSURES
- [ ] VESTE POLAIRE
- [ ] SHORT
- [ ] VESTE IMPERMÉABLE
- [ ] SANDALE
- [ ] VESTE RESPIRANTE

ACCESSOIRES :

- [ ] CASQUETTE OU CHAPEAU
- [ ] GANTS
- [ ] LUNETTES DE SOLEIL
- [ ] RADIO PORTABLE
- [ ] BÂTONS DE RANDONNÉE

- [ ] PAIRE DE JUMELLE
- [ ] UNE POCHE À EAU
- [ ] COUTEAU MULTIFONCTION
- [ ] SERVIETTE MICROFIBRE
- [ ] PODOMÈTRE

ÉTAPE DU JOUR : _____

MÉTÉO : ☐ ☐ ☐ ☐ ☐ ☐ ☐ ☐

TEMPÉRATURE : -30 -20 -10 0 10 20 30 40 50

COORD. GPS : _____

DISTANCE : _____ **DÉNIVELÉ :** _____

HEURE DE DÉPART : _____ **HEURE D'ARRIVÉ :** _____

DIFFICULTÉ : FACILE ☐   MOYEN ☐   DIFFICILE ☐

POINTS DE RAVITAILLEMENTS :

COMPAGNONS DE MARCHE :

_____   _____

_____   _____

_____   _____

POINTS D'INTÉRÊTS

ÉQUIPEMENTS

MATÉRIEL DE BASE :

- [ ] SAC À DOS
- [ ] TENTE
- [ ] SAC DE COUCHAGE
- [ ] MATELAS
- [ ] LAMPE FRONTALE + PILE
- [ ] BRIQUET
- [ ] PAPIER HYGIÉNIQUE
- [ ] TROUSSE DE SECOURS
- [ ] COUVERTURE DE SURVIE

- [ ] BOUSSOLE
- [ ] KIT D'HYGIÈNE
- [ ] GOURDE
- [ ] FILTRE À EAU
- [ ] CARTE (1/25000)
- [ ] PAPIER ET STYLO
- [ ] RÉCHAUD
- [ ] BARRE ÉNERGÉTIQUE
- [ ] DES COUVERTS

HABILLEMENT :

- [ ] PANTALON IMPERMÉABLE
- [ ] SOUS-VÊTEMENTS
- [ ] TEE-SHIRT DE RECHANGE
- [ ] SOUS-VÊTEMENTS DE RECHANGE
- [ ] CHAUSSETTE DE RECHANGE

- [ ] PANTALON LÉGER
- [ ] CHAUSSURES
- [ ] VESTE POLAIRE
- [ ] SHORT
- [ ] VESTE IMPERMÉABLE
- [ ] SANDALE
- [ ] VESTE RESPIRANTE

ACCESSOIRES :

- [ ] CASQUETTE OU CHAPEAU
- [ ] GANTS
- [ ] LUNETTES DE SOLEIL
- [ ] RADIO PORTABLE
- [ ] BÂTONS DE RANDONNÉE

- [ ] PAIRE DE JUMELLE
- [ ] UNE POCHE À EAU
- [ ] COUTEAU MULTIFONCTION
- [ ] SERVIETTE MICROFIBRE
- [ ] PODOMÈTRE

ÉTAPE DU JOUR : _____

MÉTÉO : ☐ ☐ ☐ ☐ ☐ ☐ ☐ ☐

TEMPÉRATURE :

-30 -20 -10 0 10 20 30 40 50

COORD. GPS : _____

DISTANCE : _____ **DÉNIVELÉ :** _____

HEURE DE DÉPART : _____ **HEURE D'ARRIVÉ :** _____

DIFFICULTÉ : FACILE MOYEN DIFFICILE
☐ ☐ ☐

POINTS DE RAVITAILLEMENTS :

COMPAGNONS DE MARCHE :

_____   _____

_____   _____

_____   _____

POINTS D'INTÉRÊTS

ÉQUIPEMENTS

MATÉRIEL DE BASE :

- [ ] SAC À DOS
- [ ] TENTE
- [ ] SAC DE COUCHAGE
- [ ] MATELAS
- [ ] LAMPE FRONTALE + PILE
- [ ] BRIQUET
- [ ] PAPIER HYGIÉNIQUE
- [ ] TROUSSE DE SECOURS
- [ ] COUVERTURE DE SURVIE

- [ ] BOUSSOLE
- [ ] KIT D'HYGIÈNE
- [ ] GOURDE
- [ ] FILTRE À EAU
- [ ] CARTE (1/25000)
- [ ] PAPIER ET STYLO
- [ ] RÉCHAUD
- [ ] BARRE ÉNERGÉTIQUE
- [ ] DES COUVERTS

HABILLEMENT :

- [ ] PANTALON IMPERMÉABLE
- [ ] SOUS-VÊTEMENTS
- [ ] TEE-SHIRT DE RECHANGE
- [ ] SOUS-VÊTEMENTS DE RECHANGE
- [ ] CHAUSSETTE DE RECHANGE

- [ ] PANTALON LÉGER
- [ ] CHAUSSURES
- [ ] VESTE POLAIRE
- [ ] SHORT
- [ ] VESTE IMPERMÉABLE
- [ ] SANDALE
- [ ] VESTE RESPIRANTE

ACCESSOIRES :

- [ ] CASQUETTE OU CHAPEAU
- [ ] GANTS
- [ ] LUNETTES DE SOLEIL
- [ ] RADIO PORTABLE
- [ ] BÂTONS DE RANDONNÉE

- [ ] PAIRE DE JUMELLE
- [ ] UNE POCHE À EAU
- [ ] COUTEAU MULTIFONCTION
- [ ] SERVIETTE MICROFIBRE
- [ ] PODOMÈTRE

ÉTAPE DU JOUR : _____

MÉTÉO : ☐ ☐ ☐ ☐ ☐ ☐ ☐ ☐

TEMPÉRATURE : -30 -20 -10 0 10 20 30 40 50

COORD. GPS : _____

DISTANCE : _____ **DÉNIVELÉ :** _____

HEURE DE DÉPART : _____ **HEURE D'ARRIVÉ :** _____

DIFFICULTÉ : FACILE ☐ MOYEN ☐ DIFFICILE ☐

POINTS DE RAVITAILLEMENTS :

COMPAGNONS DE MARCHE :

_____ _____

_____ _____

_____ _____

POINTS D'INTÉRÊTS

ÉQUIPEMENTS

MATÉRIEL DE BASE :

- [ ] SAC À DOS
- [ ] TENTE
- [ ] SAC DE COUCHAGE
- [ ] MATELAS
- [ ] LAMPE FRONTALE + PILE
- [ ] BRIQUET
- [ ] PAPIER HYGIÉNIQUE
- [ ] TROUSSE DE SECOURS
- [ ] COUVERTURE DE SURVIE

- [ ] BOUSSOLE
- [ ] KIT D'HYGIÈNE
- [ ] GOURDE
- [ ] FILTRE À EAU
- [ ] CARTE (1/25000)
- [ ] PAPIER ET STYLO
- [ ] RÉCHAUD
- [ ] BARRE ÉNERGÉTIQUE
- [ ] DES COUVERTS

HABILLEMENT :

- [ ] PANTALON IMPERMÉABLE
- [ ] SOUS-VÊTEMENTS
- [ ] TEE-SHIRT DE RECHANGE
- [ ] SOUS-VÊTEMENTS DE RECHANGE
- [ ] CHAUSSETTE DE RECHANGE

- [ ] PANTALON LÉGER
- [ ] CHAUSSURES
- [ ] VESTE POLAIRE
- [ ] SHORT
- [ ] VESTE IMPERMÉABLE
- [ ] SANDALE
- [ ] VESTE RESPIRANTE

ACCESSOIRES :

- [ ] CASQUETTE OU CHAPEAU
- [ ] GANTS
- [ ] LUNETTES DE SOLEIL
- [ ] RADIO PORTABLE
- [ ] BÂTONS DE RANDONNÉE

- [ ] PAIRE DE JUMELLE
- [ ] UNE POCHE À EAU
- [ ] COUTEAU MULTIFONCTION
- [ ] SERVIETTE MICROFIBRE
- [ ] PODOMÈTRE

ÉTAPE DU JOUR : _____

MÉTÉO : ☐ ☐ ☐ ☐ ☐ ☐ ☐ ☐

TEMPÉRATURE : -30 -20 -10 0 10 20 30 40 50

COORD. GPS : _____

DISTANCE : _____   **DÉNIVELÉ :** _____

HEURE DE DÉPART : _____   **HEURE D'ARRIVÉ :** _____

DIFFICULTÉ : FACILE ☐   MOYEN ☐   DIFFICILE ☐

POINTS DE RAVITAILLEMENTS :

COMPAGNONS DE MARCHE :

_____   _____

_____   _____

_____   _____

POINTS D'INTÉRÊTS

🛡 ÉQUIPEMENTS 🛡

🔧 MATÉRIEL DE BASE :

- ☐ SAC À DOS
- ☐ TENTE
- ☐ SAC DE COUCHAGE
- ☐ MATELAS
- ☐ LAMPE FRONTALE + PILE
- ☐ BRIQUET
- ☐ PAPIER HYGIÉNIQUE
- ☐ TROUSSE DE SECOURS
- ☐ COUVERTURE DE SURVIE

- ☐ BOUSSOLE
- ☐ KIT D'HYGIÈNE
- ☐ GOURDE
- ☐ FILTRE À EAU
- ☐ CARTE (1/25000)
- ☐ PAPIER ET STYLO
- ☐ RÉCHAUD
- ☐ BARRE ÉNERGÉTIQUE
- ☐ DES COUVERTS

🧥 HABILLEMENT :

- ☐ PANTALON IMPERMÉABLE
- ☐ SOUS-VÊTEMENTS
- ☐ TEE-SHIRT DE RECHANGE
- ☐ SOUS-VÊTEMENTS DE RECHANGE
- ☐ CHAUSSETTE DE RECHANGE

- ☐ PANTALON LÉGER
- ☐ CHAUSSURES
- ☐ VESTE POLAIRE
- ☐ SHORT
- ☐ VESTE IMPERMÉABLE
- ☐ SANDALE
- ☐ VESTE RESPIRANTE

🎿 ACCESSOIRES :

- ☐ CASQUETTE OU CHAPEAU
- ☐ GANTS
- ☐ LUNETTES DE SOLEIL
- ☐ RADIO PORTABLE
- ☐ BÂTONS DE RANDONNÉE

- ☐ PAIRE DE JUMELLE
- ☐ UNE POCHE À EAU
- ☐ COUTEAU MULTIFONCTION
- ☐ SERVIETTE MICROFIBRE
- ☐ PODOMÈTRE

ÉTAPE DU JOUR : _____

MÉTÉO : ☐ ☐ ☐ ☐ ☐ ☐ ☐ ☐

TEMPÉRATURE :

-30 -20 -10 0 10 20 30 40 50

COORD. GPS : _____

DISTANCE : _____ **DÉNIVELÉ :** _____

HEURE DE DÉPART : _____ **HEURE D'ARRIVÉ :** _____

DIFFICULTÉ : FACILE MOYEN DIFFICILE
☐ ☐ ☐

POINTS DE RAVITAILLEMENTS :

COMPAGNONS DE MARCHE :

_____ _____

_____ _____

_____ _____

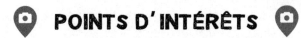

POINTS D'INTÉRÊTS

ÉQUIPEMENTS

MATÉRIEL DE BASE :

- [ ] SAC À DOS
- [ ] TENTE
- [ ] SAC DE COUCHAGE
- [ ] MATELAS
- [ ] LAMPE FRONTALE + PILE
- [ ] BRIQUET
- [ ] PAPIER HYGIÉNIQUE
- [ ] TROUSSE DE SECOURS
- [ ] COUVERTURE DE SURVIE

- [ ] BOUSSOLE
- [ ] KIT D'HYGIÈNE
- [ ] GOURDE
- [ ] FILTRE À EAU
- [ ] CARTE (1/25000)
- [ ] PAPIER ET STYLO
- [ ] RÉCHAUD
- [ ] BARRE ÉNERGÉTIQUE
- [ ] DES COUVERTS

HABILLEMENT :

- [ ] PANTALON IMPERMÉABLE
- [ ] SOUS - VÊTEMENTS
- [ ] TEE - SHIRT DE RECHANGE
- [ ] SOUS - VÊTEMENTS DE RECHANGE
- [ ] CHAUSSETTE DE RECHANGE

- [ ] PANTALON LÉGER
- [ ] CHAUSSURES
- [ ] VESTE POLAIRE
- [ ] SHORT
- [ ] VESTE IMPERMÉABLE
- [ ] SANDALE
- [ ] VESTE RESPIRANTE

ACCESSOIRES :

- [ ] CASQUETTE OU CHAPEAU
- [ ] GANTS
- [ ] LUNETTES DE SOLEIL
- [ ] RADIO PORTABLE
- [ ] BÂTONS DE RANDONNÉE

- [ ] PAIRE DE JUMELLE
- [ ] UNE POCHE À EAU
- [ ] COUTEAU MULTIFONCTION
- [ ] SERVIETTE MICROFIBRE
- [ ] PODOMÈTRE

ÉTAPE DU JOUR : _____

MÉTÉO : ☐ ☐ ☐ ☐ ☐ ☐ ☐ ☐

TEMPÉRATURE :

-30 -20 -10 0 10 20 30 40 50

COORD. GPS : _____

DISTANCE : _____ **DÉNIVELÉ :** _____

HEURE DE DÉPART : _____ **HEURE D'ARRIVÉ :** _____

DIFFICULTÉ : FACILE   MOYEN   DIFFICILE
☐ ☐ ☐

POINTS DE RAVITAILLEMENTS :

COMPAGNONS DE MARCHE :

_____   _____

_____   _____

_____   _____

POINTS D'INTÉRÊTS

ÉQUIPEMENTS

MATÉRIEL DE BASE :

- [ ] SAC À DOS
- [ ] TENTE
- [ ] SAC DE COUCHAGE
- [ ] MATELAS
- [ ] LAMPE FRONTALE + PILE
- [ ] BRIQUET
- [ ] PAPIER HYGIÉNIQUE
- [ ] TROUSSE DE SECOURS
- [ ] COUVERTURE DE SURVIE

- [ ] BOUSSOLE
- [ ] KIT D'HYGIÈNE
- [ ] GOURDE
- [ ] FILTRE À EAU
- [ ] CARTE (1/25000)
- [ ] PAPIER ET STYLO
- [ ] RÉCHAUD
- [ ] BARRE ÉNERGÉTIQUE
- [ ] DES COUVERTS

HABILLEMENT :

- [ ] PANTALON IMPERMÉABLE
- [ ] SOUS-VÊTEMENTS
- [ ] TEE-SHIRT DE RECHANGE
- [ ] SOUS-VÊTEMENTS DE RECHANGE
- [ ] CHAUSSETTE DE RECHANGE

- [ ] PANTALON LÉGER
- [ ] CHAUSSURES
- [ ] VESTE POLAIRE
- [ ] SHORT
- [ ] VESTE IMPERMÉABLE
- [ ] SANDALE
- [ ] VESTE RESPIRANTE

ACCESSOIRES :

- [ ] CASQUETTE OU CHAPEAU
- [ ] GANTS
- [ ] LUNETTES DE SOLEIL
- [ ] RADIO PORTABLE
- [ ] BÂTONS DE RANDONNÉE

- [ ] PAIRE DE JUMELLE
- [ ] UNE POCHE À EAU
- [ ] COUTEAU MULTIFONCTION
- [ ] SERVIETTE MICROFIBRE
- [ ] PODOMÈTRE

ÉTAPE DU JOUR : _____

MÉTÉO : ☐ ☐ ☐ ☐ ☐ ☐ ☐ ☐

TEMPÉRATURE : -30 -20 -10 0 10 20 30 40 50

COORD. GPS : _____

DISTANCE : _____ **DÉNIVELÉ :** _____

HEURE DE DÉPART : _____ **HEURE D'ARRIVÉ :** _____

DIFFICULTÉ : FACILE ☐ MOYEN ☐ DIFFICILE ☐

POINTS DE RAVITAILLEMENTS :

COMPAGNONS DE MARCHE :

_____ _____

_____ _____

_____ _____

POINTS D'INTÉRÊTS

ÉQUIPEMENTS

MATÉRIEL DE BASE :

- [ ] SAC À DOS
- [ ] TENTE
- [ ] SAC DE COUCHAGE
- [ ] MATELAS
- [ ] LAMPE FRONTALE + PILE
- [ ] BRIQUET
- [ ] PAPIER HYGIÉNIQUE
- [ ] TROUSSE DE SECOURS
- [ ] COUVERTURE DE SURVIE

- [ ] BOUSSOLE
- [ ] KIT D'HYGIÈNE
- [ ] GOURDE
- [ ] FILTRE À EAU
- [ ] CARTE (1/25000)
- [ ] PAPIER ET STYLO
- [ ] RÉCHAUD
- [ ] BARRE ÉNERGÉTIQUE
- [ ] DES COUVERTS

HABILLEMENT :

- [ ] PANTALON IMPERMÉABLE
- [ ] SOUS - VÊTEMENTS
- [ ] TEE - SHIRT DE RECHANGE
- [ ] SOUS - VÊTEMENTS DE RECHANGE
- [ ] CHAUSSETTE DE RECHANGE

- [ ] PANTALON LÉGER
- [ ] CHAUSSURES
- [ ] VESTE POLAIRE
- [ ] SHORT
- [ ] VESTE IMPERMÉABLE
- [ ] SANDALE
- [ ] VESTE RESPIRANTE

ACCESSOIRES :

- [ ] CASQUETTE OU CHAPEAU
- [ ] GANTS
- [ ] LUNETTES DE SOLEIL
- [ ] RADIO PORTABLE
- [ ] BÂTONS DE RANDONNÉE

- [ ] PAIRE DE JUMELLE
- [ ] UNE POCHE À EAU
- [ ] COUTEAU MULTIFONCTION
- [ ] SERVIETTE MICROFIBRE
- [ ] PODOMÈTRE

ÉTAPE DU JOUR : _____

MÉTÉO : ☐ ☐ ☐ ☐ ☐ ☐ ☐ ☐

TEMPÉRATURE :

-30 -20 -10 0 10 20 30 40 50

COORD. GPS : _____

DISTANCE : _____ **DÉNIVELÉ :** _____

HEURE DE DÉPART : _____ **HEURE D'ARRIVÉ :** _____

DIFFICULTÉ : FACILE ☐   MOYEN ☐   DIFFICILE ☐

POINTS DE RAVITAILLEMENTS :

COMPAGNONS DE MARCHE :

_____ _____

_____ _____

_____ _____

POINTS D'INTÉRÊTS

ÉQUIPEMENTS

MATÉRIEL DE BASE :

- [ ] SAC À DOS
- [ ] TENTE
- [ ] SAC DE COUCHAGE
- [ ] MATELAS
- [ ] LAMPE FRONTALE + PILE
- [ ] BRIQUET
- [ ] PAPIER HYGIÉNIQUE
- [ ] TROUSSE DE SECOURS
- [ ] COUVERTURE DE SURVIE
- [ ] BOUSSOLE
- [ ] KIT D'HYGIÈNE
- [ ] GOURDE
- [ ] FILTRE À EAU
- [ ] CARTE (1/25000)
- [ ] PAPIER ET STYLO
- [ ] RÉCHAUD
- [ ] BARRE ÉNERGÉTIQUE
- [ ] DES COUVERTS

HABILLEMENT :

- [ ] PANTALON IMPERMÉABLE
- [ ] SOUS - VÊTEMENTS
- [ ] TEE - SHIRT DE RECHANGE
- [ ] SOUS - VÊTEMENTS DE RECHANGE
- [ ] CHAUSSETTE DE RECHANGE
- [ ] PANTALON LÉGER
- [ ] CHAUSSURES
- [ ] VESTE POLAIRE
- [ ] SHORT
- [ ] VESTE IMPERMÉABLE
- [ ] SANDALE
- [ ] VESTE RESPIRANTE

ACCESSOIRES :

- [ ] CASQUETTE OU CHAPEAU
- [ ] GANTS
- [ ] LUNETTES DE SOLEIL
- [ ] RADIO PORTABLE
- [ ] BÂTONS DE RANDONNÉE
- [ ] PAIRE DE JUMELLE
- [ ] UNE POCHE À EAU
- [ ] COUTEAU MULTIFONCTION
- [ ] SERVIETTE MICROFIBRE
- [ ] PODOMÈTRE

ÉTAPE DU JOUR : _____

MÉTÉO : ☐ ☐ ☐ ☐ ☐ ☐ ☐ ☐

TEMPÉRATURE : -30 -20 -10 0 10 20 30 40 50

COORD. GPS : _____

DISTANCE : _____ **DÉNIVELÉ :** _____

HEURE DE DÉPART : _____ **HEURE D'ARRIVÉ :** _____

DIFFICULTÉ : FACILE ☐   MOYEN ☐   DIFFICILE ☐

POINTS DE RAVITAILLEMENTS :

COMPAGNONS DE MARCHE :

_____   _____

_____   _____

_____   _____

POINTS D'INTÉRÊTS

ÉQUIPEMENTS

MATÉRIEL DE BASE :

- [ ] SAC À DOS
- [ ] TENTE
- [ ] SAC DE COUCHAGE
- [ ] MATELAS
- [ ] LAMPE FRONTALE + PILE
- [ ] BRIQUET
- [ ] PAPIER HYGIÉNIQUE
- [ ] TROUSSE DE SECOURS
- [ ] COUVERTURE DE SURVIE

- [ ] BOUSSOLE
- [ ] KIT D'HYGIÈNE
- [ ] GOURDE
- [ ] FILTRE À EAU
- [ ] CARTE (1/25000)
- [ ] PAPIER ET STYLO
- [ ] RÉCHAUD
- [ ] BARRE ÉNERGÉTIQUE
- [ ] DES COUVERTS

HABILLEMENT :

- [ ] PANTALON IMPERMÉABLE
- [ ] SOUS - VÊTEMENTS
- [ ] TEE - SHIRT DE RECHANGE
- [ ] SOUS - VÊTEMENTS DE RECHANGE
- [ ] CHAUSSETTE DE RECHANGE

- [ ] PANTALON LÉGER
- [ ] CHAUSSURES
- [ ] VESTE POLAIRE
- [ ] SHORT
- [ ] VESTE IMPERMÉABLE
- [ ] SANDALE
- [ ] VESTE RESPIRANTE

ACCESSOIRES :

- [ ] CASQUETTE OU CHAPEAU
- [ ] GANTS
- [ ] LUNETTES DE SOLEIL
- [ ] RADIO PORTABLE
- [ ] BÂTONS DE RANDONNÉE

- [ ] PAIRE DE JUMELLE
- [ ] UNE POCHE À EAU
- [ ] COUTEAU MULTIFONCTION
- [ ] SERVIETTE MICROFIBRE
- [ ] PODOMÈTRE

ÉTAPE DU JOUR : _____

MÉTÉO : ☐ ☐ ☐ ☐ ☐ ☐ ☐ ☐

TEMPÉRATURE :

-30 -20 -10 0 10 20 30 40 50

COORD. GPS : _____

DISTANCE : _____ **DÉNIVELÉ :** _____

HEURE DE DÉPART : _____ **HEURE D'ARRIVÉ :** _____

DIFFICULTÉ : FACILE   MOYEN   DIFFICILE
☐   ☐   ☐

POINTS DE RAVITAILLEMENTS :

COMPAGNONS DE MARCHE :

_____   _____

_____   _____

_____   _____

POINTS D'INTÉRÊTS

ÉQUIPEMENTS

MATÉRIEL DE BASE :

- [ ] SAC À DOS
- [ ] TENTE
- [ ] SAC DE COUCHAGE
- [ ] MATELAS
- [ ] LAMPE FRONTALE + PILE
- [ ] BRIQUET
- [ ] PAPIER HYGIÉNIQUE
- [ ] TROUSSE DE SECOURS
- [ ] COUVERTURE DE SURVIE

- [ ] BOUSSOLE
- [ ] KIT D'HYGIÈNE
- [ ] GOURDE
- [ ] FILTRE À EAU
- [ ] CARTE (1/25000)
- [ ] PAPIER ET STYLO
- [ ] RÉCHAUD
- [ ] BARRE ÉNERGÉTIQUE
- [ ] DES COUVERTS

HABILLEMENT :

- [ ] PANTALON IMPERMÉABLE
- [ ] SOUS-VÊTEMENTS
- [ ] TEE-SHIRT DE RECHANGE
- [ ] SOUS-VÊTEMENTS DE RECHANGE
- [ ] CHAUSSETTE DE RECHANGE

- [ ] PANTALON LÉGER
- [ ] CHAUSSURES
- [ ] VESTE POLAIRE
- [ ] SHORT
- [ ] VESTE IMPERMÉABLE
- [ ] SANDALE
- [ ] VESTE RESPIRANTE

ACCESSOIRES :

- [ ] CASQUETTE OU CHAPEAU
- [ ] GANTS
- [ ] LUNETTES DE SOLEIL
- [ ] RADIO PORTABLE
- [ ] BÂTONS DE RANDONNÉE

- [ ] PAIRE DE JUMELLE
- [ ] UNE POCHE À EAU
- [ ] COUTEAU MULTIFONCTION
- [ ] SERVIETTE MICROFIBRE
- [ ] PODOMÈTRE

FEUILLE DE ROUTE 12

ÉTAPE DU JOUR : _____

MÉTÉO : ☐ ☐ ☐ ☐ ☐ ☐ ☐ ☐

TEMPÉRATURE : -30 -20 -10 0 10 20 30 40 50

COORD. GPS : _____

DISTANCE : _____ **DÉNIVELÉ :** _____

HEURE DE DÉPART : _____ **HEURE D'ARRIVÉ :** _____

DIFFICULTÉ : FACILE MOYEN DIFFICILE
☐   ☐   ☐

POINTS DE RAVITAILLEMENTS :

COMPAGNONS DE MARCHE :

_____   _____

_____   _____

_____   _____

POINTS D'INTÉRÊTS

ÉQUIPEMENTS

MATÉRIEL DE BASE :

☐ SAC À DOS
☐ TENTE
☐ SAC DE COUCHAGE
☐ MATELAS
☐ LAMPE FRONTALE + PILE
☐ BRIQUET
☐ PAPIER HYGIÉNIQUE
☐ TROUSSE DE SECOURS
☐ COUVERTURE DE SURVIE

☐ BOUSSOLE
☐ KIT D'HYGIÈNE
☐ GOURDE
☐ FILTRE À EAU
☐ CARTE (1/25000)
☐ PAPIER ET STYLO
☐ RÉCHAUD
☐ BARRE ÉNERGÉTIQUE
☐ DES COUVERTS

HABILLEMENT :

☐ PANTALON IMPERMÉABLE
☐ SOUS - VÊTEMENTS
☐ TEE - SHIRT DE RECHANGE
☐ SOUS - VÊTEMENTS
   DE RECHANGE
☐ CHAUSSETTE
   DE RECHANGE

☐ PANTALON LÉGER
☐ CHAUSSURES
☐ VESTE POLAIRE
☐ SHORT
☐ VESTE IMPERMÉABLE
☐ SANDALE
☐ VESTE RESPIRANTE

ACCESSOIRES :

☐ CASQUETTE OU CHAPEAU
☐ GANTS
☐ LUNETTES DE SOLEIL
☐ RADIO PORTABLE
☐ BÂTONS DE RANDONNÉE

☐ PAIRE DE JUMELLE
☐ UNE POCHE À EAU
☐ COUTEAU MULTIFONCTION
☐ SERVIETTE MICROFIBRE
☐ PODOMÈTRE

ÉTAPE DU JOUR : _____

MÉTÉO : ☐ ☐ ☐ ☐ ☐ ☐ ☐ ☐

TEMPÉRATURE :

-30 -20 -10 0 10 20 30 40 50

COORD. GPS : _____

DISTANCE : _____ **DÉNIVELÉ :** _____

HEURE DE DÉPART : _____ **HEURE D'ARRIVÉ :** _____

DIFFICULTÉ : FACILE ☐ MOYEN ☐ DIFFICILE ☐

POINTS DE RAVITAILLEMENTS :

COMPAGNONS DE MARCHE :

_____ _____

_____ _____

_____ _____

POINTS D'INTÉRÊTS

ÉQUIPEMENTS

MATÉRIEL DE BASE :

- [ ] SAC À DOS
- [ ] TENTE
- [ ] SAC DE COUCHAGE
- [ ] MATELAS
- [ ] LAMPE FRONTALE + PILE
- [ ] BRIQUET
- [ ] PAPIER HYGIÉNIQUE
- [ ] TROUSSE DE SECOURS
- [ ] COUVERTURE DE SURVIE

- [ ] BOUSSOLE
- [ ] KIT D'HYGIÈNE
- [ ] GOURDE
- [ ] FILTRE À EAU
- [ ] CARTE (1/25000)
- [ ] PAPIER ET STYLO
- [ ] RÉCHAUD
- [ ] BARRE ÉNERGÉTIQUE
- [ ] DES COUVERTS

HABILLEMENT :

- [ ] PANTALON IMPERMÉABLE
- [ ] SOUS-VÊTEMENTS
- [ ] TEE-SHIRT DE RECHANGE
- [ ] SOUS-VÊTEMENTS DE RECHANGE
- [ ] CHAUSSETTE DE RECHANGE

- [ ] PANTALON LÉGER
- [ ] CHAUSSURES
- [ ] VESTE POLAIRE
- [ ] SHORT
- [ ] VESTE IMPERMÉABLE
- [ ] SANDALE
- [ ] VESTE RESPIRANTE

ACCESSOIRES :

- [ ] CASQUETTE OU CHAPEAU
- [ ] GANTS
- [ ] LUNETTES DE SOLEIL
- [ ] RADIO PORTABLE
- [ ] BÂTONS DE RANDONNÉE

- [ ] PAIRE DE JUMELLE
- [ ] UNE POCHE À EAU
- [ ] COUTEAU MULTIFONCTION
- [ ] SERVIETTE MICROFIBRE
- [ ] PODOMÈTRE

ÉTAPE DU JOUR : _____

MÉTÉO : ☐ ☐ ☐ ☐ ☐ ☐ ☐ ☐

TEMPÉRATURE :

-30 -20 -10 0 10 20 30 40 50

COORD. GPS : _____

DISTANCE : _____ **DÉNIVELÉ :** _____

HEURE DE DÉPART : _____ **HEURE D'ARRIVÉ :** _____

DIFFICULTÉ : FACILE MOYEN DIFFICILE
☐ ☐ ☐

POINTS DE RAVITAILLEMENTS :

COMPAGNONS DE MARCHE :

_____ _____

_____ _____

_____ _____

POINTS D'INTÉRÊTS

ÉQUIPEMENTS

MATÉRIEL DE BASE :

- ☐ SAC À DOS
- ☐ TENTE
- ☐ SAC DE COUCHAGE
- ☐ MATELAS
- ☐ LAMPE FRONTALE + PILE
- ☐ BRIQUET
- ☐ PAPIER HYGIÉNIQUE
- ☐ TROUSSE DE SECOURS
- ☐ COUVERTURE DE SURVIE

- ☐ BOUSSOLE
- ☐ KIT D'HYGIÈNE
- ☐ GOURDE
- ☐ FILTRE À EAU
- ☐ CARTE (1/25000)
- ☐ PAPIER ET STYLO
- ☐ RÉCHAUD
- ☐ BARRE ÉNERGÉTIQUE
- ☐ DES COUVERTS

HABILLEMENT :

- ☐ PANTALON IMPERMÉABLE
- ☐ SOUS-VÊTEMENTS
- ☐ TEE-SHIRT DE RECHANGE
- ☐ SOUS-VÊTEMENTS DE RECHANGE
- ☐ CHAUSSETTE DE RECHANGE

- ☐ PANTALON LÉGER
- ☐ CHAUSSURES
- ☐ VESTE POLAIRE
- ☐ SHORT
- ☐ VESTE IMPERMÉABLE
- ☐ SANDALE
- ☐ VESTE RESPIRANTE

ACCESSOIRES :

- ☐ CASQUETTE OU CHAPEAU
- ☐ GANTS
- ☐ LUNETTES DE SOLEIL
- ☐ RADIO PORTABLE
- ☐ BÂTONS DE RANDONNÉE

- ☐ PAIRE DE JUMELLE
- ☐ UNE POCHE À EAU
- ☐ COUTEAU MULTIFONCTION
- ☐ SERVIETTE MICROFIBRE
- ☐ PODOMÈTRE

ÉTAPE DU JOUR : _____

MÉTÉO :

☐ ☐ ☐ ☐ ☐ ☐ ☐ ☐

TEMPÉRATURE :

-30 -20 -10 0 10 20 30 40 50

COORD. GPS : _____

DISTANCE : _____   **DÉNIVELÉ :** _____

HEURE DE DÉPART : _____   **HEURE D'ARRIVÉ :** _____

DIFFICULTÉ :   FACILE   MOYEN   DIFFICILE

☐   ☐   ☐

POINTS DE RAVITAILLEMENTS :

COMPAGNONS DE MARCHE :

_____   _____

_____   _____

_____   _____

POINTS D'INTÉRÊTS

🛡️ ÉQUIPEMENTS 🛡️

🔧 MATÉRIEL DE BASE :

- ☐ SAC À DOS
- ☐ TENTE
- ☐ SAC DE COUCHAGE
- ☐ MATELAS
- ☐ LAMPE FRONTALE + PILE
- ☐ BRIQUET
- ☐ PAPIER HYGIÉNIQUE
- ☐ TROUSSE DE SECOURS
- ☐ COUVERTURE DE SURVIE

- ☐ BOUSSOLE
- ☐ KIT D'HYGIÈNE
- ☐ GOURDE
- ☐ FILTRE À EAU
- ☐ CARTE (1/25000)
- ☐ PAPIER ET STYLO
- ☐ RÉCHAUD
- ☐ BARRE ÉNERGÉTIQUE
- ☐ DES COUVERTS

🧥 HABILLEMENT :

- ☐ PANTALON IMPERMÉABLE
- ☐ SOUS-VÊTEMENTS
- ☐ TEE-SHIRT DE RECHANGE
- ☐ SOUS-VÊTEMENTS DE RECHANGE
- ☐ CHAUSSETTE DE RECHANGE

- ☐ PANTALON LÉGER
- ☐ CHAUSSURES
- ☐ VESTE POLAIRE
- ☐ SHORT
- ☐ VESTE IMPERMÉABLE
- ☐ SANDALE
- ☐ VESTE RESPIRANTE

🥢 ACCESSOIRES :

- ☐ CASQUETTE OU CHAPEAU
- ☐ GANTS
- ☐ LUNETTES DE SOLEIL
- ☐ RADIO PORTABLE
- ☐ BÂTONS DE RANDONNÉE

- ☐ PAIRE DE JUMELLE
- ☐ UNE POCHE À EAU
- ☐ COUTEAU MULTIFONCTION
- ☐ SERVIETTE MICROFIBRE
- ☐ PODOMÈTRE

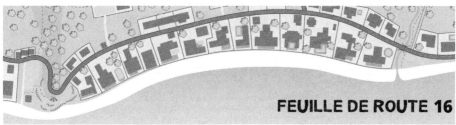

ÉTAPE DU JOUR : _____

MÉTÉO : ☐ ☐ ☐ ☐ ☐ ☐ ☐ ☐

TEMPÉRATURE :
-30 -20 -10 0 10 20 30 40 50

COORD. GPS : _____

DISTANCE : _____ **DÉNIVELÉ :** _____

HEURE DE DÉPART : _____ **HEURE D'ARRIVÉ :** _____

DIFFICULTÉ : FACILE ☐   MOYEN ☐   DIFFICILE ☐

POINTS DE RAVITAILLEMENTS :

COMPAGNONS DE MARCHE :

_____   _____

_____   _____

_____   _____

POINTS D'INTÉRÊTS

🐾 ÉQUIPEMENTS 🐾

🔧 MATÉRIEL DE BASE :

- [ ] SAC À DOS
- [ ] TENTE
- [ ] SAC DE COUCHAGE
- [ ] MATELAS
- [ ] LAMPE FRONTALE + PILE
- [ ] BRIQUET
- [ ] PAPIER HYGIÉNIQUE
- [ ] TROUSSE DE SECOURS
- [ ] COUVERTURE DE SURVIE

- [ ] BOUSSOLE
- [ ] KIT D'HYGIÈNE
- [ ] GOURDE
- [ ] FILTRE À EAU
- [ ] CARTE *(1/25000)*
- [ ] PAPIER ET STYLO
- [ ] RÉCHAUD
- [ ] BARRE ÉNERGÉTIQUE
- [ ] DES COUVERTS

🧥 HABILLEMENT :

- [ ] PANTALON IMPERMÉABLE
- [ ] SOUS-VÊTEMENTS
- [ ] TEE-SHIRT DE RECHANGE
- [ ] SOUS-VÊTEMENTS DE RECHANGE
- [ ] CHAUSSETTE DE RECHANGE

- [ ] PANTALON LÉGER
- [ ] CHAUSSURES
- [ ] VESTE POLAIRE
- [ ] SHORT
- [ ] VESTE IMPERMÉABLE
- [ ] SANDALE
- [ ] VESTE RESPIRANTE

🎿 ACCESSOIRES :

- [ ] CASQUETTE OU CHAPEAU
- [ ] GANTS
- [ ] LUNETTES DE SOLEIL
- [ ] RADIO PORTABLE
- [ ] BÂTONS DE RANDONNÉE

- [ ] PAIRE DE JUMELLE
- [ ] UNE POCHE À EAU
- [ ] COUTEAU MULTIFONCTION
- [ ] SERVIETTE MICROFIBRE
- [ ] PODOMÈTRE

ÉTAPE DU JOUR : _____

MÉTÉO : ☐ ☐ ☐ ☐ ☐ ☐ ☐ ☐

TEMPÉRATURE :

-30 -20 -10 0 10 20 30 40 50

COORD. GPS : _____

DISTANCE : _____ **DÉNIVELÉ :** _____

HEURE DE DÉPART : _____ **HEURE D'ARRIVÉ :** _____

DIFFICULTÉ : FACILE MOYEN DIFFICILE
☐   ☐   ☐

POINTS DE RAVITAILLEMENTS :

COMPAGNONS DE MARCHE :

_____   _____

_____   _____

_____   _____

POINTS D'INTÉRÊTS

ÉQUIPEMENTS

MATÉRIEL DE BASE :

- [ ] SAC À DOS
- [ ] TENTE
- [ ] SAC DE COUCHAGE
- [ ] MATELAS
- [ ] LAMPE FRONTALE + PILE
- [ ] BRIQUET
- [ ] PAPIER HYGIÉNIQUE
- [ ] TROUSSE DE SECOURS
- [ ] COUVERTURE DE SURVIE

- [ ] BOUSSOLE
- [ ] KIT D'HYGIÈNE
- [ ] GOURDE
- [ ] FILTRE À EAU
- [ ] CARTE (1/25000)
- [ ] PAPIER ET STYLO
- [ ] RÉCHAUD
- [ ] BARRE ÉNERGÉTIQUE
- [ ] DES COUVERTS

HABILLEMENT :

- [ ] PANTALON IMPERMÉABLE
- [ ] SOUS-VÊTEMENTS
- [ ] TEE-SHIRT DE RECHANGE
- [ ] SOUS-VÊTEMENTS DE RECHANGE
- [ ] CHAUSSETTE DE RECHANGE

- [ ] PANTALON LÉGER
- [ ] CHAUSSURES
- [ ] VESTE POLAIRE
- [ ] SHORT
- [ ] VESTE IMPERMÉABLE
- [ ] SANDALE
- [ ] VESTE RESPIRANTE

ACCESSOIRES :

- [ ] CASQUETTE OU CHAPEAU
- [ ] GANTS
- [ ] LUNETTES DE SOLEIL
- [ ] RADIO PORTABLE
- [ ] BÂTONS DE RANDONNÉE

- [ ] PAIRE DE JUMELLE
- [ ] UNE POCHE À EAU
- [ ] COUTEAU MULTIFONCTION
- [ ] SERVIETTE MICROFIBRE
- [ ] PODOMÈTRE

ÉTAPE DU JOUR : _____

MÉTÉO : ☐ ☐ ☐ ☐ ☐ ☐ ☐ ☐

TEMPÉRATURE :

-30 -20 -10 0 10 20 30 40 50

COORD. GPS : _____

DISTANCE : _____ **DÉNIVELÉ :** _____

HEURE DE DÉPART : _____ **HEURE D'ARRIVÉ :** _____

DIFFICULTÉ : FACILE ☐   MOYEN ☐   DIFFICILE ☐

POINTS DE RAVITAILLEMENTS :

COMPAGNONS DE MARCHE :

_____   _____

_____   _____

_____   _____

POINTS D'INTÉRÊTS

ÉQUIPEMENTS

MATÉRIEL DE BASE :

- [ ] SAC À DOS
- [ ] TENTE
- [ ] SAC DE COUCHAGE
- [ ] MATELAS
- [ ] LAMPE FRONTALE + PILE
- [ ] BRIQUET
- [ ] PAPIER HYGIÉNIQUE
- [ ] TROUSSE DE SECOURS
- [ ] COUVERTURE DE SURVIE

- [ ] BOUSSOLE
- [ ] KIT D'HYGIÈNE
- [ ] GOURDE
- [ ] FILTRE À EAU
- [ ] CARTE (1/25000)
- [ ] PAPIER ET STYLO
- [ ] RÉCHAUD
- [ ] BARRE ÉNERGÉTIQUE
- [ ] DES COUVERTS

HABILLEMENT :

- [ ] PANTALON IMPERMÉABLE
- [ ] SOUS-VÊTEMENTS
- [ ] TEE-SHIRT DE RECHANGE
- [ ] SOUS-VÊTEMENTS DE RECHANGE
- [ ] CHAUSSETTE DE RECHANGE

- [ ] PANTALON LÉGER
- [ ] CHAUSSURES
- [ ] VESTE POLAIRE
- [ ] SHORT
- [ ] VESTE IMPERMÉABLE
- [ ] SANDALE
- [ ] VESTE RESPIRANTE

ACCESSOIRES :

- [ ] CASQUETTE OU CHAPEAU
- [ ] GANTS
- [ ] LUNETTES DE SOLEIL
- [ ] RADIO PORTABLE
- [ ] BÂTONS DE RANDONNÉE

- [ ] PAIRE DE JUMELLE
- [ ] UNE POCHE À EAU
- [ ] COUTEAU MULTIFONCTION
- [ ] SERVIETTE MICROFIBRE
- [ ] PODOMÈTRE

ÉTAPE DU JOUR : _____

MÉTÉO : ☐ ☐ ☐ ☐ ☐ ☐ ☐ ☐

TEMPÉRATURE : -30 -20 -10 0 10 20 30 40 50

COORD. GPS : _____

DISTANCE : _____ **DÉNIVELÉ :** _____

HEURE DE DÉPART : _____ **HEURE D'ARRIVÉ :** _____

DIFFICULTÉ : FACILE ☐ MOYEN ☐ DIFFICILE ☐

POINTS DE RAVITAILLEMENTS :

COMPAGNONS DE MARCHE :

_____ _____

_____ _____

_____ _____

POINTS D'INTÉRÊTS

 ÉQUIPEMENTS

MATÉRIEL DE BASE :

- ☐ SAC À DOS
- ☐ TENTE
- ☐ SAC DE COUCHAGE
- ☐ MATELAS
- ☐ LAMPE FRONTALE + PILE
- ☐ BRIQUET
- ☐ PAPIER HYGIÉNIQUE
- ☐ TROUSSE DE SECOURS
- ☐ COUVERTURE DE SURVIE

- ☐ BOUSSOLE
- ☐ KIT D'HYGIÈNE
- ☐ GOURDE
- ☐ FILTRE À EAU
- ☐ CARTE *(1/25000)*
- ☐ PAPIER ET STYLO
- ☐ RÉCHAUD
- ☐ BARRE ÉNERGÉTIQUE
- ☐ DES COUVERTS

HABILLEMENT :

- ☐ PANTALON IMPERMÉABLE
- ☐ SOUS-VÊTEMENTS
- ☐ TEE-SHIRT DE RECHANGE
- ☐ SOUS-VÊTEMENTS DE RECHANGE
- ☐ CHAUSSETTE DE RECHANGE

- ☐ PANTALON LÉGER
- ☐ CHAUSSURES
- ☐ VESTE POLAIRE
- ☐ SHORT
- ☐ VESTE IMPERMÉABLE
- ☐ SANDALE
- ☐ VESTE RESPIRANTE

ACCESSOIRES :

- ☐ CASQUETTE OU CHAPEAU
- ☐ GANTS
- ☐ LUNETTES DE SOLEIL
- ☐ RADIO PORTABLE
- ☐ BÂTONS DE RANDONNÉE

- ☐ PAIRE DE JUMELLE
- ☐ UNE POCHE À EAU
- ☐ COUTEAU MULTIFONCTION
- ☐ SERVIETTE MICROFIBRE
- ☐ PODOMÈTRE

ÉTAPE DU JOUR : _____

MÉTÉO : ☐ ☐ ☐ ☐ ☐ ☐ ☐ ☐

TEMPÉRATURE :

-30 -20 -10 0 10 20 30 40 50

COORD. GPS : _____

DISTANCE : _____ **DÉNIVELÉ :** _____

HEURE DE DÉPART : _____ **HEURE D'ARRIVÉ :** _____

DIFFICULTÉ : FACILE MOYEN DIFFICILE
☐ ☐ ☐

POINTS DE RAVITAILLEMENTS :

COMPAGNONS DE MARCHE :

_____ _____

_____ _____

_____ _____

POINTS D'INTÉRÊTS

ÉQUIPEMENTS

MATÉRIEL DE BASE :

- [ ] SAC À DOS
- [ ] TENTE
- [ ] SAC DE COUCHAGE
- [ ] MATELAS
- [ ] LAMPE FRONTALE + PILE
- [ ] BRIQUET
- [ ] PAPIER HYGIÉNIQUE
- [ ] TROUSSE DE SECOURS
- [ ] COUVERTURE DE SURVIE

- [ ] BOUSSOLE
- [ ] KIT D'HYGIÈNE
- [ ] GOURDE
- [ ] FILTRE À EAU
- [ ] CARTE (1/25000)
- [ ] PAPIER ET STYLO
- [ ] RÉCHAUD
- [ ] BARRE ÉNERGÉTIQUE
- [ ] DES COUVERTS

HABILLEMENT :

- [ ] PANTALON IMPERMÉABLE
- [ ] SOUS-VÊTEMENTS
- [ ] TEE-SHIRT DE RECHANGE
- [ ] SOUS-VÊTEMENTS DE RECHANGE
- [ ] CHAUSSETTE DE RECHANGE

- [ ] PANTALON LÉGER
- [ ] CHAUSSURES
- [ ] VESTE POLAIRE
- [ ] SHORT
- [ ] VESTE IMPERMÉABLE
- [ ] SANDALE
- [ ] VESTE RESPIRANTE

ACCESSOIRES :

- [ ] CASQUETTE OU CHAPEAU
- [ ] GANTS
- [ ] LUNETTES DE SOLEIL
- [ ] RADIO PORTABLE
- [ ] BÂTONS DE RANDONNÉE

- [ ] PAIRE DE JUMELLE
- [ ] UNE POCHE À EAU
- [ ] COUTEAU MULTIFONCTION
- [ ] SERVIETTE MICROFIBRE
- [ ] PODOMÈTRE

ÉTAPE DU JOUR : _____

MÉTÉO :

☐   ☐   ☐   ☐   ☐   ☐   ☐   ☐

TEMPÉRATURE :

-30 -20 -10 0 10 20 30 40 50

COORD. GPS : _____

DISTANCE : _____   **DÉNIVELÉ :** _____

HEURE DE DÉPART : _____   **HEURE D'ARRIVÉ :** _____

DIFFICULTÉ :   FACILE   MOYEN   DIFFICILE
☐   ☐   ☐

POINTS DE RAVITAILLEMENTS :

COMPAGNONS DE MARCHE :

_____   _____

_____   _____

_____   _____

POINTS D'INTÉRÊTS

🗡️ ÉQUIPEMENTS 🗡️

🔧 MATÉRIEL DE BASE :

- ☐ SAC À DOS
- ☐ TENTE
- ☐ SAC DE COUCHAGE
- ☐ MATELAS
- ☐ LAMPE FRONTALE + PILE
- ☐ BRIQUET
- ☐ PAPIER HYGIÉNIQUE
- ☐ TROUSSE DE SECOURS
- ☐ COUVERTURE DE SURVIE

- ☐ BOUSSOLE
- ☐ KIT D'HYGIÈNE
- ☐ GOURDE
- ☐ FILTRE À EAU
- ☐ CARTE (1/25000)
- ☐ PAPIER ET STYLO
- ☐ RÉCHAUD
- ☐ BARRE ÉNERGÉTIQUE
- ☐ DES COUVERTS

🧥 HABILLEMENT :

- ☐ PANTALON IMPERMÉABLE
- ☐ SOUS - VÊTEMENTS
- ☐ TEE - SHIRT DE RECHANGE
- ☐ SOUS - VÊTEMENTS
  DE RECHANGE
- ☐ CHAUSSETTE
  DE RECHANGE

- ☐ PANTALON LÉGER
- ☐ CHAUSSURES
- ☐ VESTE POLAIRE
- ☐ SHORT
- ☐ VESTE IMPERMÉABLE
- ☐ SANDALE
- ☐ VESTE RESPIRANTE

🎿 ACCESSOIRES :

- ☐ CASQUETTE OU CHAPEAU
- ☐ GANTS
- ☐ LUNETTES DE SOLEIL
- ☐ RADIO PORTABLE
- ☐ BÂTONS DE RANDONNÉE

- ☐ PAIRE DE JUMELLE
- ☐ UNE POCHE À EAU
- ☐ COUTEAU MULTIFONCTION
- ☐ SERVIETTE MICROFIBRE
- ☐ PODOMÈTRE

ÉTAPE DU JOUR : _____

MÉTÉO :

☐ ☐ ☐ ☐ ☐ ☐ ☐ ☐

TEMPÉRATURE :

-30 -20 -10 0 10 20 30 40 50

COORD. GPS : _____

DISTANCE : _____ **DÉNIVELÉ :** _____

HEURE DE DÉPART : _____ **HEURE D'ARRIVÉ :** _____

DIFFICULTÉ : **FACILE**   **MOYEN**   **DIFFICILE**

☐   ☐   ☐

POINTS DE RAVITAILLEMENTS :

COMPAGNONS DE MARCHE :

_____   _____

_____   _____

_____   _____

POINTS D'INTÉRÊTS

ÉQUIPEMENTS

MATÉRIEL DE BASE :

- [ ] SAC À DOS
- [ ] TENTE
- [ ] SAC DE COUCHAGE
- [ ] MATELAS
- [ ] LAMPE FRONTALE + PILE
- [ ] BRIQUET
- [ ] PAPIER HYGIÉNIQUE
- [ ] TROUSSE DE SECOURS
- [ ] COUVERTURE DE SURVIE

- [ ] BOUSSOLE
- [ ] KIT D'HYGIÈNE
- [ ] GOURDE
- [ ] FILTRE À EAU
- [ ] CARTE (1/25000)
- [ ] PAPIER ET STYLO
- [ ] RÉCHAUD
- [ ] BARRE ÉNERGÉTIQUE
- [ ] DES COUVERTS

HABILLEMENT :

- [ ] PANTALON IMPERMÉABLE
- [ ] SOUS - VÊTEMENTS
- [ ] TEE - SHIRT DE RECHANGE
- [ ] SOUS - VÊTEMENTS DE RECHANGE
- [ ] CHAUSSETTE DE RECHANGE

- [ ] PANTALON LÉGER
- [ ] CHAUSSURES
- [ ] VESTE POLAIRE
- [ ] SHORT
- [ ] VESTE IMPERMÉABLE
- [ ] SANDALE
- [ ] VESTE RESPIRANTE

ACCESSOIRES :

- [ ] CASQUETTE OU CHAPEAU
- [ ] GANTS
- [ ] LUNETTES DE SOLEIL
- [ ] RADIO PORTABLE
- [ ] BÂTONS DE RANDONNÉE

- [ ] PAIRE DE JUMELLE
- [ ] UNE POCHE À EAU
- [ ] COUTEAU MULTIFONCTION
- [ ] SERVIETTE MICROFIBRE
- [ ] PODOMÈTRE

ÉTAPE DU JOUR : _____

MÉTÉO : ☐ ☐ ☐ ☐ ☐ ☐ ☐ ☐

TEMPÉRATURE :

-30 -20 -10 0 10 20 30 40 50

COORD. GPS : _____

DISTANCE : _____ **DÉNIVELÉ :** _____

HEURE DE DÉPART : _____ **HEURE D'ARRIVÉ :** _____

DIFFICULTÉ : FACILE MOYEN DIFFICILE
☐ ☐ ☐

POINTS DE RAVITAILLEMENTS :

COMPAGNONS DE MARCHE :

_____ _____

_____ _____

_____ _____

POINTS D'INTÉRÊTS

ÉQUIPEMENTS

MATÉRIEL DE BASE :

- ☐ SAC À DOS
- ☐ TENTE
- ☐ SAC DE COUCHAGE
- ☐ MATELAS
- ☐ LAMPE FRONTALE + PILE
- ☐ BRIQUET
- ☐ PAPIER HYGIÉNIQUE
- ☐ TROUSSE DE SECOURS
- ☐ COUVERTURE DE SURVIE

- ☐ BOUSSOLE
- ☐ KIT D'HYGIÈNE
- ☐ GOURDE
- ☐ FILTRE À EAU
- ☐ CARTE (1/25000)
- ☐ PAPIER ET STYLO
- ☐ RÉCHAUD
- ☐ BARRE ÉNERGÉTIQUE
- ☐ DES COUVERTS

HABILLEMENT :

- ☐ PANTALON IMPERMÉABLE
- ☐ SOUS - VÊTEMENTS
- ☐ TEE - SHIRT DE RECHANGE
- ☐ SOUS - VÊTEMENTS DE RECHANGE
- ☐ CHAUSSETTE DE RECHANGE

- ☐ PANTALON LÉGER
- ☐ CHAUSSURES
- ☐ VESTE POLAIRE
- ☐ SHORT
- ☐ VESTE IMPERMÉABLE
- ☐ SANDALE
- ☐ VESTE RESPIRANTE

ACCESSOIRES :

- ☐ CASQUETTE OU CHAPEAU
- ☐ GANTS
- ☐ LUNETTES DE SOLEIL
- ☐ RADIO PORTABLE
- ☐ BÂTONS DE RANDONNÉE

- ☐ PAIRE DE JUMELLE
- ☐ UNE POCHE À EAU
- ☐ COUTEAU MULTIFONCTION
- ☐ SERVIETTE MICROFIBRE
- ☐ PODOMÈTRE

ÉTAPE DU JOUR : _____

MÉTÉO : ☐ ☐ ☐ ☐ ☐ ☐ ☐ ☐

TEMPÉRATURE : -30 -20 -10 0 10 20 30 40 50

COORD. GPS : _____

DISTANCE : _____ DÉNIVELÉ : _____

HEURE DE DÉPART : _____ HEURE D'ARRIVÉ : _____

DIFFICULTÉ : FACILE   MOYEN   DIFFICILE
☐   ☐   ☐

POINTS DE RAVITAILLEMENTS :

COMPAGNONS DE MARCHE :

_____ _____

_____ _____

_____ _____

POINTS D'INTÉRÊTS

ÉQUIPEMENTS

MATÉRIEL DE BASE :

- [ ] SAC À DOS
- [ ] TENTE
- [ ] SAC DE COUCHAGE
- [ ] MATELAS
- [ ] LAMPE FRONTALE + PILE
- [ ] BRIQUET
- [ ] PAPIER HYGIÉNIQUE
- [ ] TROUSSE DE SECOURS
- [ ] COUVERTURE DE SURVIE

- [ ] BOUSSOLE
- [ ] KIT D'HYGIÈNE
- [ ] GOURDE
- [ ] FILTRE À EAU
- [ ] CARTE (1/25000)
- [ ] PAPIER ET STYLO
- [ ] RÉCHAUD
- [ ] BARRE ÉNERGÉTIQUE
- [ ] DES COUVERTS

HABILLEMENT :

- [ ] PANTALON IMPERMÉABLE
- [ ] SOUS - VÊTEMENTS
- [ ] TEE - SHIRT DE RECHANGE
- [ ] SOUS - VÊTEMENTS DE RECHANGE
- [ ] CHAUSSETTE DE RECHANGE

- [ ] PANTALON LÉGER
- [ ] CHAUSSURES
- [ ] VESTE POLAIRE
- [ ] SHORT
- [ ] VESTE IMPERMÉABLE
- [ ] SANDALE
- [ ] VESTE RESPIRANTE

ACCESSOIRES :

- [ ] CASQUETTE OU CHAPEAU
- [ ] GANTS
- [ ] LUNETTES DE SOLEIL
- [ ] RADIO PORTABLE
- [ ] BÂTONS DE RANDONNÉE

- [ ] PAIRE DE JUMELLE
- [ ] UNE POCHE À EAU
- [ ] COUTEAU MULTIFONCTION
- [ ] SERVIETTE MICROFIBRE
- [ ] PODOMÈTRE

ÉTAPE DU JOUR : _____

MÉTÉO : ☐ ☐ ☐ ☐ ☐ ☐ ☐ ☐

TEMPÉRATURE :
-30 -20 -10 0 10 20 30 40 50

COORD. GPS : _____

DISTANCE : _____ **DÉNIVELÉ :** _____

HEURE DE DÉPART : _____ **HEURE D'ARRIVÉ :** _____

DIFFICULTÉ : FACILE ☐ MOYEN ☐ DIFFICILE ☐

POINTS DE RAVITAILLEMENTS :

COMPAGNONS DE MARCHE :

_____ _____

_____ _____

_____ _____

POINTS D'INTÉRÊTS

ÉQUIPEMENTS

MATÉRIEL DE BASE :

- [ ] SAC À DOS
- [ ] TENTE
- [ ] SAC DE COUCHAGE
- [ ] MATELAS
- [ ] LAMPE FRONTALE + PILE
- [ ] BRIQUET
- [ ] PAPIER HYGIÉNIQUE
- [ ] TROUSSE DE SECOURS
- [ ] COUVERTURE DE SURVIE

- [ ] BOUSSOLE
- [ ] KIT D'HYGIÈNE
- [ ] GOURDE
- [ ] FILTRE À EAU
- [ ] CARTE *(1/25000)*
- [ ] PAPIER ET STYLO
- [ ] RÉCHAUD
- [ ] BARRE ÉNERGÉTIQUE
- [ ] DES COUVERTS

HABILLEMENT :

- [ ] PANTALON IMPERMÉABLE
- [ ] SOUS - VÊTEMENTS
- [ ] TEE - SHIRT DE RECHANGE
- [ ] SOUS - VÊTEMENTS DE RECHANGE
- [ ] CHAUSSETTE DE RECHANGE

- [ ] PANTALON LÉGER
- [ ] CHAUSSURES
- [ ] VESTE POLAIRE
- [ ] SHORT
- [ ] VESTE IMPERMÉABLE
- [ ] SANDALE
- [ ] VESTE RESPIRANTE

ACCESSOIRES :

- [ ] CASQUETTE OU CHAPEAU
- [ ] GANTS
- [ ] LUNETTES DE SOLEIL
- [ ] RADIO PORTABLE
- [ ] BÂTONS DE RANDONNÉE

- [ ] PAIRE DE JUMELLE
- [ ] UNE POCHE À EAU
- [ ] COUTEAU MULTIFONCTION
- [ ] SERVIETTE MICROFIBRE
- [ ] PODOMÈTRE

ÉTAPE DU JOUR : _____

MÉTÉO : ☐ ☐ ☐ ☐ ☐ ☐ ☐ ☐

TEMPÉRATURE : -30 -20 -10 0 10 20 30 40 50

COORD. GPS : _____

DISTANCE : _____ **DÉNIVELÉ :** _____

HEURE DE DÉPART : _____ **HEURE D'ARRIVÉ :** _____

DIFFICULTÉ : **FACILE** ☐ **MOYEN** ☐ **DIFFICILE** ☐

POINTS DE RAVITAILLEMENTS :

COMPAGNONS DE MARCHE :

_____ _____

_____ _____

_____ _____

POINTS D'INTÉRÊTS

ÉQUIPEMENTS

MATÉRIEL DE BASE :

- [ ] SAC À DOS
- [ ] TENTE
- [ ] SAC DE COUCHAGE
- [ ] MATELAS
- [ ] LAMPE FRONTALE + PILE
- [ ] BRIQUET
- [ ] PAPIER HYGIÉNIQUE
- [ ] TROUSSE DE SECOURS
- [ ] COUVERTURE DE SURVIE

- [ ] BOUSSOLE
- [ ] KIT D'HYGIÈNE
- [ ] GOURDE
- [ ] FILTRE À EAU
- [ ] CARTE (1/25000)
- [ ] PAPIER ET STYLO
- [ ] RÉCHAUD
- [ ] BARRE ÉNERGÉTIQUE
- [ ] DES COUVERTS

HABILLEMENT :

- [ ] PANTALON IMPERMÉABLE
- [ ] SOUS-VÊTEMENTS
- [ ] TEE-SHIRT DE RECHANGE
- [ ] SOUS-VÊTEMENTS DE RECHANGE
- [ ] CHAUSSETTE DE RECHANGE

- [ ] PANTALON LÉGER
- [ ] CHAUSSURES
- [ ] VESTE POLAIRE
- [ ] SHORT
- [ ] VESTE IMPERMÉABLE
- [ ] SANDALE
- [ ] VESTE RESPIRANTE

ACCESSOIRES :

- [ ] CASQUETTE OU CHAPEAU
- [ ] GANTS
- [ ] LUNETTES DE SOLEIL
- [ ] RADIO PORTABLE
- [ ] BÂTONS DE RANDONNÉE

- [ ] PAIRE DE JUMELLE
- [ ] UNE POCHE À EAU
- [ ] COUTEAU MULTIFONCTION
- [ ] SERVIETTE MICROFIBRE
- [ ] PODOMÈTRE

ÉTAPE DU JOUR : _____

MÉTÉO : ☐ ☐ ☐ ☐ ☐ ☐ ☐ ☐

TEMPÉRATURE :

-30 -20 -10 0 10 20 30 40 50

COORD. GPS : _____

DISTANCE : _____ **DÉNIVELÉ :** _____

HEURE DE DÉPART : _____ **HEURE D'ARRIVÉ :** _____

DIFFICULTÉ : FACILE ☐ MOYEN ☐ DIFFICILE ☐

POINTS DE RAVITAILLEMENTS :

COMPAGNONS DE MARCHE :

_____ _____

_____ _____

_____ _____

POINTS D'INTÉRÊTS

ÉQUIPEMENTS

MATÉRIEL DE BASE :

- [ ] SAC À DOS
- [ ] TENTE
- [ ] SAC DE COUCHAGE
- [ ] MATELAS
- [ ] LAMPE FRONTALE + PILE
- [ ] BRIQUET
- [ ] PAPIER HYGIÉNIQUE
- [ ] TROUSSE DE SECOURS
- [ ] COUVERTURE DE SURVIE

- [ ] BOUSSOLE
- [ ] KIT D'HYGIÈNE
- [ ] GOURDE
- [ ] FILTRE À EAU
- [ ] CARTE (1/25000)
- [ ] PAPIER ET STYLO
- [ ] RÉCHAUD
- [ ] BARRE ÉNERGÉTIQUE
- [ ] DES COUVERTS

HABILLEMENT :

- [ ] PANTALON IMPERMÉABLE
- [ ] SOUS-VÊTEMENTS
- [ ] TEE-SHIRT DE RECHANGE
- [ ] SOUS-VÊTEMENTS DE RECHANGE
- [ ] CHAUSSETTE DE RECHANGE

- [ ] PANTALON LÉGER
- [ ] CHAUSSURES
- [ ] VESTE POLAIRE
- [ ] SHORT
- [ ] VESTE IMPERMÉABLE
- [ ] SANDALE
- [ ] VESTE RESPIRANTE

ACCESSOIRES :

- [ ] CASQUETTE OU CHAPEAU
- [ ] GANTS
- [ ] LUNETTES DE SOLEIL
- [ ] RADIO PORTABLE
- [ ] BÂTONS DE RANDONNÉE

- [ ] PAIRE DE JUMELLE
- [ ] UNE POCHE À EAU
- [ ] COUTEAU MULTIFONCTION
- [ ] SERVIETTE MICROFIBRE
- [ ] PODOMÈTRE

ÉTAPE DU JOUR : _____

MÉTÉO : ☐ ☐ ☐ ☐ ☐ ☐ ☐ ☐

TEMPÉRATURE : -30 -20 -10 0 10 20 30 40 50

COORD. GPS : _____

DISTANCE : _____ **DÉNIVELÉ :** _____

HEURE DE DÉPART : _____ **HEURE D'ARRIVÉ :** _____

DIFFICULTÉ : FACILE ☐ MOYEN ☐ DIFFICILE ☐

POINTS DE RAVITAILLEMENTS :

COMPAGNONS DE MARCHE :

_____ _____

_____ _____

_____ _____

POINTS D'INTÉRÊTS

🛡️ ÉQUIPEMENTS 🛡️

⚒️ MATÉRIEL DE BASE :

- ☐ SAC À DOS
- ☐ TENTE
- ☐ SAC DE COUCHAGE
- ☐ MATELAS
- ☐ LAMPE FRONTALE + PILE
- ☐ BRIQUET
- ☐ PAPIER HYGIÉNIQUE
- ☐ TROUSSE DE SECOURS
- ☐ COUVERTURE DE SURVIE

- ☐ BOUSSOLE
- ☐ KIT D'HYGIÈNE
- ☐ GOURDE
- ☐ FILTRE À EAU
- ☐ CARTE (1/25000)
- ☐ PAPIER ET STYLO
- ☐ RÉCHAUD
- ☐ BARRE ÉNERGÉTIQUE
- ☐ DES COUVERTS

🧥 HABILLEMENT :

- ☐ PANTALON IMPERMÉABLE
- ☐ SOUS-VÊTEMENTS
- ☐ TEE-SHIRT DE RECHANGE
- ☐ SOUS-VÊTEMENTS DE RECHANGE
- ☐ CHAUSSETTE DE RECHANGE

- ☐ PANTALON LÉGER
- ☐ CHAUSSURES
- ☐ VESTE POLAIRE
- ☐ SHORT
- ☐ VESTE IMPERMÉABLE
- ☐ SANDALE
- ☐ VESTE RESPIRANTE

🥢 ACCESSOIRES :

- ☐ CASQUETTE OU CHAPEAU
- ☐ GANTS
- ☐ LUNETTES DE SOLEIL
- ☐ RADIO PORTABLE
- ☐ BÂTONS DE RANDONNÉE

- ☐ PAIRE DE JUMELLE
- ☐ UNE POCHE À EAU
- ☐ COUTEAU MULTIFONCTION
- ☐ SERVIETTE MICROFIBRE
- ☐ PODOMÈTRE

ÉTAPE DU JOUR : _____

MÉTÉO : ☐ ☐ ☐ ☐ ☐ ☐ ☐ ☐

TEMPÉRATURE : -30 -20 -10 0 10 20 30 40 50

COORD. GPS : _____

DISTANCE : _____ DÉNIVELÉ : _____

HEURE DE DÉPART : _____ HEURE D'ARRIVÉ : _____

DIFFICULTÉ : FACILE MOYEN DIFFICILE
☐ ☐ ☐

POINTS DE RAVITAILLEMENTS :

COMPAGNONS DE MARCHE :

_____ _____

_____ _____

_____ _____

POINTS D'INTÉRÊTS

🎖 ÉQUIPEMENTS 🎖

🔧 MATÉRIEL DE BASE :

- ☐ SAC À DOS
- ☐ TENTE
- ☐ SAC DE COUCHAGE
- ☐ MATELAS
- ☐ LAMPE FRONTALE + PILE
- ☐ BRIQUET
- ☐ PAPIER HYGIÉNIQUE
- ☐ TROUSSE DE SECOURS
- ☐ COUVERTURE DE SURVIE

- ☐ BOUSSOLE
- ☐ KIT D'HYGIÈNE
- ☐ GOURDE
- ☐ FILTRE À EAU
- ☐ CARTE (1/25000)
- ☐ PAPIER ET STYLO
- ☐ RÉCHAUD
- ☐ BARRE ÉNERGÉTIQUE
- ☐ DES COUVERTS

🧥 HABILLEMENT :

- ☐ PANTALON IMPERMÉABLE
- ☐ SOUS - VÊTEMENTS
- ☐ TEE - SHIRT DE RECHANGE
- ☐ SOUS - VÊTEMENTS
  DE RECHANGE
- ☐ CHAUSSETTE
  DE RECHANGE

- ☐ PANTALON LÉGER
- ☐ CHAUSSURES
- ☐ VESTE POLAIRE
- ☐ SHORT
- ☐ VESTE IMPERMÉABLE
- ☐ SANDALE
- ☐ VESTE RESPIRANTE

🥢 ACCESSOIRES :

- ☐ CASQUETTE OU CHAPEAU
- ☐ GANTS
- ☐ LUNETTES DE SOLEIL
- ☐ RADIO PORTABLE
- ☐ BÂTONS DE RANDONNÉE

- ☐ PAIRE DE JUMELLE
- ☐ UNE POCHE À EAU
- ☐ COUTEAU MULTIFONCTION
- ☐ SERVIETTE MICROFIBRE
- ☐ PODOMÈTRE

FEUILLE DE ROUTE 30

ÉTAPE DU JOUR : _____

MÉTÉO :

□ □ □ □ □ □ □ □

TEMPÉRATURE :

-30 -20 -10 0 10 20 30 40 50

COORD. GPS : _____

DISTANCE : _____ DÉNIVELÉ : _____

HEURE DE DÉPART : _____ HEURE D'ARRIVÉ : _____

DIFFICULTÉ : FACILE   MOYEN   DIFFICILE
                □   □   □

POINTS DE RAVITAILLEMENTS :

COMPAGNONS DE MARCHE :

_____   _____

_____   _____

_____   _____

POINTS D'INTÉRÊTS

ÉQUIPEMENTS

MATÉRIEL DE BASE :

- [ ] SAC À DOS
- [ ] TENTE
- [ ] SAC DE COUCHAGE
- [ ] MATELAS
- [ ] LAMPE FRONTALE + PILE
- [ ] BRIQUET
- [ ] PAPIER HYGIÉNIQUE
- [ ] TROUSSE DE SECOURS
- [ ] COUVERTURE DE SURVIE

- [ ] BOUSSOLE
- [ ] KIT D'HYGIÈNE
- [ ] GOURDE
- [ ] FILTRE À EAU
- [ ] CARTE (1/25000)
- [ ] PAPIER ET STYLO
- [ ] RÉCHAUD
- [ ] BARRE ÉNERGÉTIQUE
- [ ] DES COUVERTS

HABILLEMENT :

- [ ] PANTALON IMPERMÉABLE
- [ ] SOUS - VÊTEMENTS
- [ ] TEE - SHIRT DE RECHANGE
- [ ] SOUS - VÊTEMENTS DE RECHANGE
- [ ] CHAUSSETTE DE RECHANGE

- [ ] PANTALON LÉGER
- [ ] CHAUSSURES
- [ ] VESTE POLAIRE
- [ ] SHORT
- [ ] VESTE IMPERMÉABLE
- [ ] SANDALE
- [ ] VESTE RESPIRANTE

ACCESSOIRES :

- [ ] CASQUETTE OU CHAPEAU
- [ ] GANTS
- [ ] LUNETTES DE SOLEIL
- [ ] RADIO PORTABLE
- [ ] BÂTONS DE RANDONNÉE

- [ ] PAIRE DE JUMELLE
- [ ] UNE POCHE À EAU
- [ ] COUTEAU MULTIFONCTION
- [ ] SERVIETTE MICROFIBRE
- [ ] PODOMÈTRE

ÉTAPE DU JOUR : _____

MÉTÉO : ☐ ☐ ☐ ☐ ☐ ☐ ☐ ☐

TEMPÉRATURE :

-30 -20 -10 0 10 20 30 40 50

COORD. GPS : _____

DISTANCE : _____ **DÉNIVELÉ :** _____

HEURE DE DÉPART : _____ **HEURE D'ARRIVÉ :** _____

DIFFICULTÉ : FACILE   MOYEN   DIFFICILE
☐ ☐ ☐

POINTS DE RAVITAILLEMENTS :

COMPAGNONS DE MARCHE :

_____ _____

_____ _____

_____ _____

POINTS D'INTÉRÊTS

 ÉQUIPEMENTS

MATÉRIEL DE BASE :

- [ ] SAC À DOS
- [ ] TENTE
- [ ] SAC DE COUCHAGE
- [ ] MATELAS
- [ ] LAMPE FRONTALE + PILE
- [ ] BRIQUET
- [ ] PAPIER HYGIÉNIQUE
- [ ] TROUSSE DE SECOURS
- [ ] COUVERTURE DE SURVIE

- [ ] BOUSSOLE
- [ ] KIT D'HYGIÈNE
- [ ] GOURDE
- [ ] FILTRE À EAU
- [ ] CARTE (1/25000)
- [ ] PAPIER ET STYLO
- [ ] RÉCHAUD
- [ ] BARRE ÉNERGÉTIQUE
- [ ] DES COUVERTS

HABILLEMENT :

- [ ] PANTALON IMPERMÉABLE
- [ ] SOUS - VÊTEMENTS
- [ ] TEE - SHIRT DE RECHANGE
- [ ] SOUS - VÊTEMENTS DE RECHANGE
- [ ] CHAUSSETTE DE RECHANGE

- [ ] PANTALON LÉGER
- [ ] CHAUSSURES
- [ ] VESTE POLAIRE
- [ ] SHORT
- [ ] VESTE IMPERMÉABLE
- [ ] SANDALE
- [ ] VESTE RESPIRANTE

ACCESSOIRES :

- [ ] CASQUETTE OU CHAPEAU
- [ ] GANTS
- [ ] LUNETTES DE SOLEIL
- [ ] RADIO PORTABLE
- [ ] BÂTONS DE RANDONNÉE

- [ ] PAIRE DE JUMELLE
- [ ] UNE POCHE À EAU
- [ ] COUTEAU MULTIFONCTION
- [ ] SERVIETTE MICROFIBRE
- [ ] PODOMÈTRE

ÉTAPE DU JOUR : _____

MÉTÉO : ☐ ☐ ☐ ☐ ☐ ☐ ☐ ☐

TEMPÉRATURE : -30 -20 -10 0 10 20 30 40 50

COORD. GPS : _____

DISTANCE : _____ **DÉNIVELÉ :** _____

HEURE DE DÉPART : _____ **HEURE D'ARRIVÉ :** _____

DIFFICULTÉ : FACILE MOYEN DIFFICILE
☐ ☐ ☐

POINTS DE RAVITAILLEMENTS :

COMPAGNONS DE MARCHE :

_____ _____

_____ _____

_____ _____

POINTS D'INTÉRÊTS

🪖 ÉQUIPEMENTS 🪖

🔧 MATÉRIEL DE BASE :

- ☐ SAC À DOS
- ☐ TENTE
- ☐ SAC DE COUCHAGE
- ☐ MATELAS
- ☐ LAMPE FRONTALE + PILE
- ☐ BRIQUET
- ☐ PAPIER HYGIÉNIQUE
- ☐ TROUSSE DE SECOURS
- ☐ COUVERTURE DE SURVIE

- ☐ BOUSSOLE
- ☐ KIT D'HYGIÈNE
- ☐ GOURDE
- ☐ FILTRE À EAU
- ☐ CARTE (1/25000)
- ☐ PAPIER ET STYLO
- ☐ RÉCHAUD
- ☐ BARRE ÉNERGÉTIQUE
- ☐ DES COUVERTS

🧥 HABILLEMENT :

- ☐ PANTALON IMPERMÉABLE
- ☐ SOUS-VÊTEMENTS
- ☐ TEE-SHIRT DE RECHANGE
- ☐ SOUS-VÊTEMENTS DE RECHANGE
- ☐ CHAUSSETTE DE RECHANGE

- ☐ PANTALON LÉGER
- ☐ CHAUSSURES
- ☐ VESTE POLAIRE
- ☐ SHORT
- ☐ VESTE IMPERMÉABLE
- ☐ SANDALE
- ☐ VESTE RESPIRANTE

🥢 ACCESSOIRES :

- ☐ CASQUETTE OU CHAPEAU
- ☐ GANTS
- ☐ LUNETTES DE SOLEIL
- ☐ RADIO PORTABLE
- ☐ BÂTONS DE RANDONNÉE

- ☐ PAIRE DE JUMELLE
- ☐ UNE POCHE À EAU
- ☐ COUTEAU MULTIFONCTION
- ☐ SERVIETTE MICROFIBRE
- ☐ PODOMÈTRE

ÉTAPE DU JOUR : _____

MÉTÉO : ☐ ☐ ☐ ☐ ☐ ☐ ☐ ☐

TEMPÉRATURE :
-30 -20 -10 0 10 20 30 40 50

COORD. GPS : _____

DISTANCE : _____ **DÉNIVELÉ :** _____

HEURE DE DÉPART : _____ **HEURE D'ARRIVÉ :** _____

DIFFICULTÉ : FACILE ☐   MOYEN ☐   DIFFICILE ☐

POINTS DE RAVITAILLEMENTS :

COMPAGNONS DE MARCHE :

_____   _____

_____   _____

_____   _____

POINTS D'INTÉRÊTS

🎖 ÉQUIPEMENTS 🎖

🔧 MATÉRIEL DE BASE :

- ☐ SAC À DOS
- ☐ TENTE
- ☐ SAC DE COUCHAGE
- ☐ MATELAS
- ☐ LAMPE FRONTALE + PILE
- ☐ BRIQUET
- ☐ PAPIER HYGIÉNIQUE
- ☐ TROUSSE DE SECOURS
- ☐ COUVERTURE DE SURVIE

- ☐ BOUSSOLE
- ☐ KIT D'HYGIÈNE
- ☐ GOURDE
- ☐ FILTRE À EAU
- ☐ CARTE (1/25000)
- ☐ PAPIER ET STYLO
- ☐ RÉCHAUD
- ☐ BARRE ÉNERGÉTIQUE
- ☐ DES COUVERTS

🧥 HABILLEMENT :

- ☐ PANTALON IMPERMÉABLE
- ☐ SOUS - VÊTEMENTS
- ☐ TEE - SHIRT DE RECHANGE
- ☐ SOUS - VÊTEMENTS DE RECHANGE
- ☐ CHAUSSETTE DE RECHANGE

- ☐ PANTALON LÉGER
- ☐ CHAUSSURES
- ☐ VESTE POLAIRE
- ☐ SHORT
- ☐ VESTE IMPERMÉABLE
- ☐ SANDALE
- ☐ VESTE RESPIRANTE

🎿 ACCESSOIRES :

- ☐ CASQUETTE OU CHAPEAU
- ☐ GANTS
- ☐ LUNETTES DE SOLEIL
- ☐ RADIO PORTABLE
- ☐ BÂTONS DE RANDONNÉE

- ☐ PAIRE DE JUMELLE
- ☐ UNE POCHE À EAU
- ☐ COUTEAU MULTIFONCTION
- ☐ SERVIETTE MICROFIBRE
- ☐ PODOMÈTRE

ÉTAPE DU JOUR : _____

MÉTÉO : ☐ ☐ ☐ ☐ ☐ ☐ ☐ ☐

TEMPÉRATURE :
-30 -20 -10 0 10 20 30 40 50

COORD. GPS : _____

DISTANCE : _____ DÉNIVELÉ : _____

HEURE DE DÉPART : _____ HEURE D'ARRIVÉ : _____

DIFFICULTÉ : FACILE MOYEN DIFFICILE
☐   ☐   ☐

POINTS DE RAVITAILLEMENTS :

COMPAGNONS DE MARCHE :

_____ _____

_____ _____

_____ _____

POINTS D'INTÉRÊTS

ÉQUIPEMENTS

MATÉRIEL DE BASE :

- [ ] SAC À DOS
- [ ] TENTE
- [ ] SAC DE COUCHAGE
- [ ] MATELAS
- [ ] LAMPE FRONTALE + PILE
- [ ] BRIQUET
- [ ] PAPIER HYGIÉNIQUE
- [ ] TROUSSE DE SECOURS
- [ ] COUVERTURE DE SURVIE

- [ ] BOUSSOLE
- [ ] KIT D'HYGIÈNE
- [ ] GOURDE
- [ ] FILTRE À EAU
- [ ] CARTE (1/25000)
- [ ] PAPIER ET STYLO
- [ ] RÉCHAUD
- [ ] BARRE ÉNERGÉTIQUE
- [ ] DES COUVERTS

HABILLEMENT :

- [ ] PANTALON IMPERMÉABLE
- [ ] SOUS - VÊTEMENTS
- [ ] TEE - SHIRT DE RECHANGE
- [ ] SOUS - VÊTEMENTS DE RECHANGE
- [ ] CHAUSSETTE DE RECHANGE

- [ ] PANTALON LÉGER
- [ ] CHAUSSURES
- [ ] VESTE POLAIRE
- [ ] SHORT
- [ ] VESTE IMPERMÉABLE
- [ ] SANDALE
- [ ] VESTE RESPIRANTE

ACCESSOIRES :

- [ ] CASQUETTE OU CHAPEAU
- [ ] GANTS
- [ ] LUNETTES DE SOLEIL
- [ ] RADIO PORTABLE
- [ ] BÂTONS DE RANDONNÉE

- [ ] PAIRE DE JUMELLE
- [ ] UNE POCHE À EAU
- [ ] COUTEAU MULTIFONCTION
- [ ] SERVIETTE MICROFIBRE
- [ ] PODOMÈTRE

FEUILLE DE ROUTE 35

ÉTAPE DU JOUR : _____

MÉTÉO : ☐ ☐ ☐ ☐ ☐ ☐ ☐ ☐

TEMPÉRATURE :

-30 -20 -10 0 10 20 30 40 50

COORD. GPS : _____

DISTANCE : _____ **DÉNIVELÉ :** _____

HEURE DE DÉPART : _____ **HEURE D'ARRIVÉ :** _____

DIFFICULTÉ : FACILE ☐ MOYEN ☐ DIFFICILE ☐

POINTS DE RAVITAILLEMENTS :

COMPAGNONS DE MARCHE :

_____ _____

_____ _____

_____

POINTS D'INTÉRÊTS

 ÉQUIPEMENTS

MATÉRIEL DE BASE :

- [ ] SAC À DOS
- [ ] TENTE
- [ ] SAC DE COUCHAGE
- [ ] MATELAS
- [ ] LAMPE FRONTALE + PILE
- [ ] BRIQUET
- [ ] PAPIER HYGIÉNIQUE
- [ ] TROUSSE DE SECOURS
- [ ] COUVERTURE DE SURVIE

- [ ] BOUSSOLE
- [ ] KIT D'HYGIÈNE
- [ ] GOURDE
- [ ] FILTRE À EAU
- [ ] CARTE (1/25000)
- [ ] PAPIER ET STYLO
- [ ] RÉCHAUD
- [ ] BARRE ÉNERGÉTIQUE
- [ ] DES COUVERTS

HABILLEMENT :

- [ ] PANTALON IMPERMÉABLE
- [ ] SOUS-VÊTEMENTS
- [ ] TEE-SHIRT DE RECHANGE
- [ ] SOUS-VÊTEMENTS DE RECHANGE
- [ ] CHAUSSETTE DE RECHANGE

- [ ] PANTALON LÉGER
- [ ] CHAUSSURES
- [ ] VESTE POLAIRE
- [ ] SHORT
- [ ] VESTE IMPERMÉABLE
- [ ] SANDALE
- [ ] VESTE RESPIRANTE

ACCESSOIRES :

- [ ] CASQUETTE OU CHAPEAU
- [ ] GANTS
- [ ] LUNETTES DE SOLEIL
- [ ] RADIO PORTABLE
- [ ] BÂTONS DE RANDONNÉE

- [ ] PAIRE DE JUMELLE
- [ ] UNE POCHE À EAU
- [ ] COUTEAU MULTIFONCTION
- [ ] SERVIETTE MICROFIBRE
- [ ] PODOMÈTRE

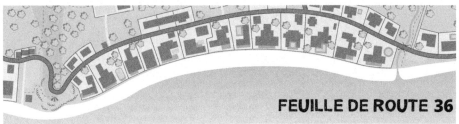

ÉTAPE DU JOUR : _____

MÉTÉO : ☐ ☐ ☐ ☐ ☐ ☐ ☐ ☐

TEMPÉRATURE : -30 -20 -10 0 10 20 30 40 50

COORD. GPS : _____

DISTANCE : _____   **DÉNIVELÉ :** _____

HEURE DE DÉPART : _____   **HEURE D'ARRIVÉ :** _____

DIFFICULTÉ : FACILE ☐   MOYEN ☐   DIFFICILE ☐

POINTS DE RAVITAILLEMENTS :

COMPAGNONS DE MARCHE :

_____   _____

_____   _____

_____   _____

POINTS D'INTÉRÊTS

ÉQUIPEMENTS

MATÉRIEL DE BASE :

- [ ] SAC À DOS
- [ ] TENTE
- [ ] SAC DE COUCHAGE
- [ ] MATELAS
- [ ] LAMPE FRONTALE + PILE
- [ ] BRIQUET
- [ ] PAPIER HYGIÉNIQUE
- [ ] TROUSSE DE SECOURS
- [ ] COUVERTURE DE SURVIE

- [ ] BOUSSOLE
- [ ] KIT D'HYGIÈNE
- [ ] GOURDE
- [ ] FILTRE À EAU
- [ ] CARTE (1/25000)
- [ ] PAPIER ET STYLO
- [ ] RÉCHAUD
- [ ] BARRE ÉNERGÉTIQUE
- [ ] DES COUVERTS

HABILLEMENT :

- [ ] PANTALON IMPERMÉABLE
- [ ] SOUS-VÊTEMENTS
- [ ] TEE-SHIRT DE RECHANGE
- [ ] SOUS-VÊTEMENTS DE RECHANGE
- [ ] CHAUSSETTE DE RECHANGE

- [ ] PANTALON LÉGER
- [ ] CHAUSSURES
- [ ] VESTE POLAIRE
- [ ] SHORT
- [ ] VESTE IMPERMÉABLE
- [ ] SANDALE
- [ ] VESTE RESPIRANTE

ACCESSOIRES :

- [ ] CASQUETTE OU CHAPEAU
- [ ] GANTS
- [ ] LUNETTES DE SOLEIL
- [ ] RADIO PORTABLE
- [ ] BÂTONS DE RANDONNÉE

- [ ] PAIRE DE JUMELLE
- [ ] UNE POCHE À EAU
- [ ] COUTEAU MULTIFONCTION
- [ ] SERVIETTE MICROFIBRE
- [ ] PODOMÈTRE

ÉTAPE DU JOUR : _____

MÉTÉO : ☐ ☐ ☐ ☐ ☐ ☐ ☐ ☐

TEMPÉRATURE : -30 -20 -10 0 10 20 30 40 50

COORD. GPS : _____

DISTANCE : _____ **DÉNIVELÉ :** _____

HEURE DE DÉPART : _____ **HEURE D'ARRIVÉ :** _____

DIFFICULTÉ : FACILE ☐ MOYEN ☐ DIFFICILE ☐

POINTS DE RAVITAILLEMENTS :

COMPAGNONS DE MARCHE :

_____ _____

_____ _____

_____ _____

POINTS D'INTÉRÊTS

ÉQUIPEMENTS

MATÉRIEL DE BASE :

- [ ] SAC À DOS
- [ ] TENTE
- [ ] SAC DE COUCHAGE
- [ ] MATELAS
- [ ] LAMPE FRONTALE + PILE
- [ ] BRIQUET
- [ ] PAPIER HYGIÉNIQUE
- [ ] TROUSSE DE SECOURS
- [ ] COUVERTURE DE SURVIE

- [ ] BOUSSOLE
- [ ] KIT D'HYGIÈNE
- [ ] GOURDE
- [ ] FILTRE À EAU
- [ ] CARTE (1/25000)
- [ ] PAPIER ET STYLO
- [ ] RÉCHAUD
- [ ] BARRE ÉNERGÉTIQUE
- [ ] DES COUVERTS

HABILLEMENT :

- [ ] PANTALON IMPERMÉABLE
- [ ] SOUS-VÊTEMENTS
- [ ] TEE-SHIRT DE RECHANGE
- [ ] SOUS-VÊTEMENTS DE RECHANGE
- [ ] CHAUSSETTE DE RECHANGE

- [ ] PANTALON LÉGER
- [ ] CHAUSSURES
- [ ] VESTE POLAIRE
- [ ] SHORT
- [ ] VESTE IMPERMÉABLE
- [ ] SANDALE
- [ ] VESTE RESPIRANTE

ACCESSOIRES :

- [ ] CASQUETTE OU CHAPEAU
- [ ] GANTS
- [ ] LUNETTES DE SOLEIL
- [ ] RADIO PORTABLE
- [ ] BÂTONS DE RANDONNÉE

- [ ] PAIRE DE JUMELLE
- [ ] UNE POCHE À EAU
- [ ] COUTEAU MULTIFONCTION
- [ ] SERVIETTE MICROFIBRE
- [ ] PODOMÈTRE

ÉTAPE DU JOUR : _____

MÉTÉO :

☐ ☐ ☐ ☐ ☐ ☐ ☐ ☐

TEMPÉRATURE :

-30 -20 -10 0 10 20 30 40 50

COORD. GPS : _____

DISTANCE : _____ **DÉNIVELÉ :** _____

HEURE DE DÉPART : _____ **HEURE D'ARRIVÉ :** _____

DIFFICULTÉ : FACILE   MOYEN   DIFFICILE

☐ ☐ ☐

POINTS DE RAVITAILLEMENTS :

COMPAGNONS DE MARCHE :

_____   _____

_____   _____

_____   _____

 **POINTS D'INTÉRÊTS**

ÉQUIPEMENTS

MATÉRIEL DE BASE :

- [ ] SAC À DOS
- [ ] TENTE
- [ ] SAC DE COUCHAGE
- [ ] MATELAS
- [ ] LAMPE FRONTALE + PILE
- [ ] BRIQUET
- [ ] PAPIER HYGIÉNIQUE
- [ ] TROUSSE DE SECOURS
- [ ] COUVERTURE DE SURVIE

- [ ] BOUSSOLE
- [ ] KIT D'HYGIÈNE
- [ ] GOURDE
- [ ] FILTRE À EAU
- [ ] CARTE (1/25000)
- [ ] PAPIER ET STYLO
- [ ] RÉCHAUD
- [ ] BARRE ÉNERGÉTIQUE
- [ ] DES COUVERTS

HABILLEMENT :

- [ ] PANTALON IMPERMÉABLE
- [ ] SOUS - VÊTEMENTS
- [ ] TEE - SHIRT DE RECHANGE
- [ ] SOUS - VÊTEMENTS DE RECHANGE
- [ ] CHAUSSETTE DE RECHANGE

- [ ] PANTALON LÉGER
- [ ] CHAUSSURES
- [ ] VESTE POLAIRE
- [ ] SHORT
- [ ] VESTE IMPERMÉABLE
- [ ] SANDALE
- [ ] VESTE RESPIRANTE

ACCESSOIRES :

- [ ] CASQUETTE OU CHAPEAU
- [ ] GANTS
- [ ] LUNETTES DE SOLEIL
- [ ] RADIO PORTABLE
- [ ] BÂTONS DE RANDONNÉE

- [ ] PAIRE DE JUMELLE
- [ ] UNE POCHE À EAU
- [ ] COUTEAU MULTIFONCTION
- [ ] SERVIETTE MICROFIBRE
- [ ] PODOMÈTRE

ÉTAPE DU JOUR : _____

MÉTÉO : ☐ ☐ ☐ ☐ ☐ ☐ ☐ ☐

TEMPÉRATURE : -30 -20 -10 0 10 20 30 40 50

COORD. GPS : _____

DISTANCE : _____ DÉNIVELÉ : _____

HEURE DE DÉPART : _____ HEURE D'ARRIVÉ : _____

DIFFICULTÉ : FACILE ☐ MOYEN ☐ DIFFICILE ☐

POINTS DE RAVITAILLEMENTS :

COMPAGNONS DE MARCHE :

_____ _____

_____ _____

_____ _____

POINTS D'INTÉRÊTS

 ÉQUIPEMENTS

🔧 MATÉRIEL DE BASE :

- ☐ SAC À DOS
- ☐ TENTE
- ☐ SAC DE COUCHAGE
- ☐ MATELAS
- ☐ LAMPE FRONTALE + PILE
- ☐ BRIQUET
- ☐ PAPIER HYGIÉNIQUE
- ☐ TROUSSE DE SECOURS
- ☐ COUVERTURE DE SURVIE

- ☐ BOUSSOLE
- ☐ KIT D'HYGIÈNE
- ☐ GOURDE
- ☐ FILTRE À EAU
- ☐ CARTE (1/25000)
- ☐ PAPIER ET STYLO
- ☐ RÉCHAUD
- ☐ BARRE ÉNERGÉTIQUE
- ☐ DES COUVERTS

🧥 HABILLEMENT :

- ☐ PANTALON IMPERMÉABLE
- ☐ SOUS-VÊTEMENTS
- ☐ TEE-SHIRT DE RECHANGE
- ☐ SOUS-VÊTEMENTS DE RECHANGE
- ☐ CHAUSSETTE DE RECHANGE

- ☐ PANTALON LÉGER
- ☐ CHAUSSURES
- ☐ VESTE POLAIRE
- ☐ SHORT
- ☐ VESTE IMPERMÉABLE
- ☐ SANDALE
- ☐ VESTE RESPIRANTE

⛷️ ACCESSOIRES :

- ☐ CASQUETTE OU CHAPEAU
- ☐ GANTS
- ☐ LUNETTES DE SOLEIL
- ☐ RADIO PORTABLE
- ☐ BÂTONS DE RANDONNÉE

- ☐ PAIRE DE JUMELLE
- ☐ UNE POCHE À EAU
- ☐ COUTEAU MULTIFONCTION
- ☐ SERVIETTE MICROFIBRE
- ☐ PODOMÈTRE

ÉTAPE DU JOUR : _____

MÉTÉO : ☐ ☐ ☐ ☐ ☐ ☐ ☐ ☐

TEMPÉRATURE :

-30 -20 -10 0 10 20 30 40 50

COORD. GPS : _____

DISTANCE : _____ **DÉNIVELÉ :** _____

HEURE DE DÉPART : _____ **HEURE D'ARRIVÉ :** _____

DIFFICULTÉ : FACILE ☐ MOYEN ☐ DIFFICILE ☐

POINTS DE RAVITAILLEMENTS :

COMPAGNONS DE MARCHE :

_____ _____

_____ _____

_____ _____

POINTS D'INTÉRÊTS

feuille de route 1		☆☆☆☆☆
feuille de route 2		☆☆☆☆☆
feuille de route 3		☆☆☆☆☆
feuille de route 4		☆☆☆☆☆
feuille de route 5		☆☆☆☆☆
feuille de route 6		☆☆☆☆☆
feuille de route 7		☆☆☆☆☆
feuille de route 8		☆☆☆☆☆
feuille de route 9		☆☆☆☆☆
feuille de route 10		☆☆☆☆☆
feuille de route 11		☆☆☆☆☆
feuille de route 12		☆☆☆☆☆
feuille de route 13		☆☆☆☆☆
feuille de route 14		☆☆☆☆☆
feuille de route 15		☆☆☆☆☆
feuille de route 16		☆☆☆☆☆
feuille de route 17		☆☆☆☆☆
feuille de route 18		☆☆☆☆☆
feuille de route 19		☆☆☆☆☆
feuille de route 20		☆☆☆☆☆

feuille de route 21		☆☆☆☆☆
feuille de route 22		☆☆☆☆☆
feuille de route 23		☆☆☆☆☆
feuille de route 24		☆☆☆☆☆
feuille de route 25		☆☆☆☆☆
feuille de route 26		☆☆☆☆☆
feuille de route 27		☆☆☆☆☆
feuille de route 28		☆☆☆☆☆
feuille de route 29		☆☆☆☆☆
feuille de route 30		☆☆☆☆☆
feuille de route 31		☆☆☆☆☆
feuille de route 32		☆☆☆☆☆
feuille de route 33		☆☆☆☆☆
feuille de route 34		☆☆☆☆☆
feuille de route 35		☆☆☆☆☆
feuille de route 36		☆☆☆☆☆
feuille de route 37		☆☆☆☆☆
feuille de route 38		☆☆☆☆☆
feuille de route 39		☆☆☆☆☆
feuille de route 40		☆☆☆☆☆

Printed in Great Britain
by Amazon

25158378R00071